Name: _____

Naughty	

Naughty Total: _____   Nice Total: _____

You Have Been: _____

Name: _____

Naughty	Nice
_____	_____
_____	_____
_____	_____
_____	_____
_____	_____
_____	_____
_____	_____
_____	_____
_____	_____
_____	_____
_____	_____
_____	_____
_____	_____
_____	_____
_____	_____
_____	_____
_____	_____
_____	_____
_____	_____
_____	_____
_____	_____

Naughty Total: _____ Nice Total: _____

You Have Been: _____

Name: _____

Naughty	Nice
_____	_____
_____	_____
_____	_____
_____	_____
_____	_____
_____	_____
_____	_____
_____	_____
_____	_____
_____	_____
_____	_____
_____	_____
_____	_____
_____	_____
_____	_____
_____	_____
_____	_____
_____	_____
_____	_____
_____	_____
_____	_____
_____	_____

Naughty Total: _____   Nice Total: _____

You Have Been: _____

Name: _____

Naughty	Nice

Naughty Total: _____

Nice Total: _____

You Have Been: _____

Name: _____

Naughty	Nice
_____	_____
_____	_____
_____	_____
_____	_____
_____	_____
_____	_____
_____	_____
_____	_____
_____	_____
_____	_____
_____	_____
_____	_____
_____	_____
_____	_____
_____	_____
_____	_____
_____	_____
_____	_____
_____	_____
_____	_____
_____	_____
_____	_____
_____	_____
_____	_____

Naughty Total: _____   Nice Total: _____

You Have Been: _____

Name: _____

Naughty	Nice

Naughty Total: _____

Nice Total: _____

You Have Been: _____

Name: _____

Naughty	Nice
_____	_____
_____	_____
_____	_____
_____	_____
_____	_____
_____	_____
_____	_____
_____	_____
_____	_____
_____	_____
_____	_____
_____	_____
_____	_____
_____	_____
_____	_____
_____	_____
_____	_____
_____	_____
_____	_____
_____	_____
_____	_____
_____	_____
_____	_____
_____	_____
_____	_____

Naughty Total: _____   Nice Total: _____

You Have Been: _____

Name: _____

Naughty	Nice
_____	_____
_____	_____
_____	_____
_____	_____
_____	_____
_____	_____
_____	_____
_____	_____
_____	_____
_____	_____
_____	_____
_____	_____
_____	_____
_____	_____
_____	_____
_____	_____
_____	_____
_____	_____
_____	_____
_____	_____
_____	_____
_____	_____
_____	_____
_____	_____
_____	_____

Naughty Total: _____

Nice Total: _____

You Have Been: _____

Name: _____

Naughty	Nice

Naughty Total: _____

Nice Total: _____

You Have Been: _____

Name: _____

Naughty	Nice

Naughty Total: _____

Nice Total: _____

You Have Been: _____

Name: _____

Naughty	Nice

Naughty Total: _____

Nice Total: _____

You Have Been: _____

Name: _____

Naughty	Nice
_____	_____
_____	_____
_____	_____
_____	_____
_____	_____
_____	_____
_____	_____
_____	_____
_____	_____
_____	_____
_____	_____
_____	_____
_____	_____
_____	_____
_____	_____
_____	_____
_____	_____
_____	_____
_____	_____
_____	_____
_____	_____
_____	_____

Naughty Total: _____   Nice Total: _____

You Have Been: _____

Name: _____

Naughty	Nice
_____	_____

Naughty Total: _____

Nice Total: _____

You Have Been: _____

Name: _____

Naughty	Nice
_____	_____

Naughty Total: _____

Nice Total: _____

You Have Been: _____

Name: _____

Naughty	Nice
_____	_____
_____	_____
_____	_____
_____	_____
_____	_____
_____	_____
_____	_____
_____	_____
_____	_____
_____	_____
_____	_____
_____	_____
_____	_____
_____	_____
_____	_____
_____	_____
_____	_____
_____	_____
_____	_____
_____	_____
_____	_____
_____	_____
_____	_____

Naughty Total: _____   Nice Total: _____

You Have Been: _____

Name: _____

Naughty	Nice
_____	_____
_____	_____
_____	_____
_____	_____
_____	_____
_____	_____
_____	_____
_____	_____
_____	_____
_____	_____
_____	_____
_____	_____
_____	_____
_____	_____
_____	_____
_____	_____
_____	_____
_____	_____
_____	_____
_____	_____
_____	_____
_____	_____
_____	_____
_____	_____
_____	_____
_____	_____

Naughty Total: _____ Nice Total: _____

You Have Been: _____

Name: _____

Naughty	Nice

Naughty Total: _____

Nice Total: _____

You Have Been: _____

Name: _____

Naughty	Nice
_____	_____
_____	_____
_____	_____
_____	_____
_____	_____
_____	_____
_____	_____
_____	_____
_____	_____
_____	_____
_____	_____
_____	_____
_____	_____
_____	_____
_____	_____
_____	_____
_____	_____
_____	_____
_____	_____
_____	_____
_____	_____
_____	_____

Naughty Total: _____   Nice Total: _____

You Have Been: _____

Name: _____

Naughty	Nice
_____	_____

Naughty Total: _____

Nice Total: _____

You Have Been: _____

Name: _____

Naughty	Nice
_____	_____
_____	_____
_____	_____
_____	_____
_____	_____
_____	_____
_____	_____
_____	_____
_____	_____
_____	_____
_____	_____
_____	_____
_____	_____
_____	_____
_____	_____
_____	_____
_____	_____
_____	_____
_____	_____
_____	_____
_____	_____
_____	_____
_____	_____
_____	_____
_____	_____

Naughty Total: _____   Nice Total: _____

You Have Been: _____

Name: _____

Naughty	Nice
_____	_____
_____	_____
_____	_____
_____	_____
_____	_____
_____	_____
_____	_____
_____	_____
_____	_____
_____	_____
_____	_____
_____	_____
_____	_____
_____	_____
_____	_____
_____	_____
_____	_____
_____	_____
_____	_____
_____	_____
_____	_____
_____	_____
_____	_____
_____	_____

Naughty Total: _____   Nice Total: _____

You Have Been: _____

Name: _____

Naughty	Nice
_____	_____
_____	_____
_____	_____
_____	_____
_____	_____
_____	_____
_____	_____
_____	_____
_____	_____
_____	_____
_____	_____
_____	_____
_____	_____
_____	_____
_____	_____
_____	_____
_____	_____
_____	_____
_____	_____
_____	_____
_____	_____
_____	_____
_____	_____

Naughty Total: _____   Nice Total: _____

You Have Been: _____

Name: _____

Naughty	Nice

Naughty Total: _____

Nice Total: _____

You Have Been: _____

Name: _____

Naughty	Nice

Naughty Total: _____

Nice Total: _____

You Have Been: _____

Name: _____

Naughty	Nice
_____	_____

Naughty Total: _____

Nice Total: _____

You Have Been: _____

Name: _____

Naughty	Nice

Naughty Total: _____

Nice Total: _____

You Have Been: _____

Name: _____

Naughty	Nice
_____	_____

Naughty Total: _____

Nice Total: _____

You Have Been: _____

Name: _____

Naughty	Nice
_____	_____

Naughty Total: _____   Nice Total: _____

You Have Been: _____

Name: _____

Naughty	Nice

Naughty Total: _____

Nice Total: _____

You Have Been: _____

Name: _____

Naughty	Nice
_____	_____
_____	_____
_____	_____
_____	_____
_____	_____
_____	_____
_____	_____
_____	_____
_____	_____
_____	_____
_____	_____
_____	_____
_____	_____
_____	_____
_____	_____
_____	_____
_____	_____
_____	_____
_____	_____
_____	_____
_____	_____
_____	_____

Naughty Total: _____

Nice Total: _____

You Have Been: _____

Name: _____

Naughty	Nice
_____	_____
_____	_____
_____	_____
_____	_____
_____	_____
_____	_____
_____	_____
_____	_____
_____	_____
_____	_____
_____	_____
_____	_____
_____	_____
_____	_____
_____	_____
_____	_____
_____	_____
_____	_____
_____	_____
_____	_____
_____	_____
_____	_____
_____	_____

| Naughty Total: _____ | Nice Total: _____ |

You Have Been: _____

Name: _____

Naughty	Nice
_____	_____
_____	_____
_____	_____
_____	_____
_____	_____
_____	_____
_____	_____
_____	_____
_____	_____
_____	_____
_____	_____
_____	_____
_____	_____
_____	_____
_____	_____
_____	_____
_____	_____
_____	_____
_____	_____
_____	_____
_____	_____
_____	_____
_____	_____
_____	_____
_____	_____
_____	_____
_____	_____
_____	_____

Naughty Total: _____

Nice Total: _____

You Have Been: _____

Name: _____

Naughty	Nice
_____	_____

Naughty Total: _____

Nice Total: _____

You Have Been: _____

Name: _____

Naughty	Nice

Naughty Total: _____

Nice Total: _____

You Have Been: _____

Name: _____

Naughty	Nice

Naughty Total: _____

Nice Total: _____

You Have Been: _____

Name: _____

Naughty	Nice

Naughty Total: _____

Nice Total: _____

You Have Been: _____

Name: _____

Naughty	Nice

Naughty Total: _____

Nice Total: _____

You Have Been: _____

Name: _____

Naughty	Nice

Naughty Total: _____

Nice Total: _____

You Have Been: _____

Name: _____

Naughty	Nice
_____	_____
_____	_____
_____	_____
_____	_____
_____	_____
_____	_____
_____	_____
_____	_____
_____	_____
_____	_____
_____	_____
_____	_____
_____	_____
_____	_____
_____	_____
_____	_____
_____	_____
_____	_____
_____	_____
_____	_____
_____	_____
_____	_____
_____	_____
_____	_____
_____	_____

| Naughty Total: _____ | Nice Total: _____ |

You Have Been: _____

Name: _____

Naughty	Nice
_____	_____
_____	_____
_____	_____
_____	_____
_____	_____
_____	_____
_____	_____
_____	_____
_____	_____
_____	_____
_____	_____
_____	_____
_____	_____
_____	_____
_____	_____
_____	_____
_____	_____
_____	_____
_____	_____
_____	_____
_____	_____
_____	_____
_____	_____

Naughty Total: _____   Nice Total: _____

You Have Been: _____

Name: _____

Naughty	Nice
_____	_____
_____	_____
_____	_____
_____	_____
_____	_____
_____	_____
_____	_____
_____	_____
_____	_____
_____	_____
_____	_____
_____	_____
_____	_____
_____	_____
_____	_____
_____	_____
_____	_____
_____	_____
_____	_____
_____	_____
_____	_____
_____	_____
_____	_____
_____	_____
_____	_____

Naughty Total: _____   Nice Total: _____

You Have Been: _____

Name: _____

Naughty	Nice
_____	_____
_____	_____
_____	_____
_____	_____
_____	_____
_____	_____
_____	_____
_____	_____
_____	_____
_____	_____
_____	_____
_____	_____
_____	_____
_____	_____
_____	_____
_____	_____
_____	_____
_____	_____
_____	_____
_____	_____
_____	_____
_____	_____
_____	_____
_____	_____
_____	_____

Naughty Total: _____   Nice Total: _____

You Have Been: _____

Name: _____

Naughty	Nice

Naughty Total: _____

Nice Total: _____

You Have Been: _____

Name: _____

Naughty	Nice
_____	_____

Naughty Total: _____

Nice Total: _____

You Have Been: _____

Name: _____

Naughty	Nice

Naughty Total: _____

Nice Total: _____

You Have Been: _____

Name: _____

Naughty	Nice

Naughty Total: _____

Nice Total: _____

You Have Been: _____

Name: _____

Naughty	Nice

Naughty Total: _____

Nice Total: _____

You Have Been: _____

Name: _____

Naughty	Nice
_____	_____

Naughty Total: _____

Nice Total: _____

You Have Been: _____

Name: _____

Naughty	Nice

Naughty Total: _____   Nice Total: _____

You Have Been: _____

Name: _____

Naughty	Nice
_____	_____
_____	_____
_____	_____
_____	_____
_____	_____
_____	_____
_____	_____
_____	_____
_____	_____
_____	_____
_____	_____
_____	_____
_____	_____
_____	_____
_____	_____
_____	_____
_____	_____
_____	_____
_____	_____
_____	_____
_____	_____
_____	_____
_____	_____
_____	_____

Naughty Total: _____

Nice Total: _____

You Have Been: _____

Name: _____

Naughty	Nice

Naughty Total: _____   Nice Total: _____

You Have Been: _____

Name: _____

Naughty	Nice
_____	_____
_____	_____
_____	_____
_____	_____
_____	_____
_____	_____
_____	_____
_____	_____
_____	_____
_____	_____
_____	_____
_____	_____
_____	_____
_____	_____
_____	_____
_____	_____
_____	_____
_____	_____
_____	_____
_____	_____
_____	_____
_____	_____
_____	_____
_____	_____

Naughty Total: _____   Nice Total: _____

You Have Been: _____

Name: _____

Naughty	Nice

Naughty Total: _____

Nice Total: _____

You Have Been: _____

Name: _____

Naughty	Nice
_____	_____
_____	_____
_____	_____
_____	_____
_____	_____
_____	_____
_____	_____
_____	_____
_____	_____
_____	_____
_____	_____
_____	_____
_____	_____
_____	_____
_____	_____
_____	_____
_____	_____
_____	_____
_____	_____
_____	_____
_____	_____
_____	_____

Naughty Total: _____   Nice Total: _____

You Have Been: _____

Name: _____

Naughty	Nice

Naughty Total: _____

Nice Total: _____

You Have Been: _____

Name: _____

Naughty	Nice
_____	_____
_____	_____
_____	_____
_____	_____
_____	_____
_____	_____
_____	_____
_____	_____
_____	_____
_____	_____
_____	_____
_____	_____
_____	_____
_____	_____
_____	_____
_____	_____
_____	_____
_____	_____
_____	_____
_____	_____
_____	_____
_____	_____

Naughty Total: _____   Nice Total: _____

You Have Been: _____

Name: _____

Naughty	Nice

Naughty Total: _____

Nice Total: _____

You Have Been: _____

Name: _____

Naughty	Nice
_____	_____
_____	_____
_____	_____
_____	_____
_____	_____
_____	_____
_____	_____
_____	_____
_____	_____
_____	_____
_____	_____
_____	_____
_____	_____
_____	_____
_____	_____
_____	_____
_____	_____
_____	_____
_____	_____
_____	_____
_____	_____
_____	_____
_____	_____
_____	_____

Naughty Total: _____   Nice Total: _____

You Have Been: _____

Name: _____

Naughty	Nice

Naughty Total: _____

Nice Total: _____

You Have Been: _____

Name: _____

Naughty	Nice
_____	_____
_____	_____
_____	_____
_____	_____
_____	_____
_____	_____
_____	_____
_____	_____
_____	_____
_____	_____
_____	_____
_____	_____
_____	_____
_____	_____
_____	_____
_____	_____
_____	_____
_____	_____
_____	_____
_____	_____
_____	_____
_____	_____
_____	_____
_____	_____
_____	_____

Naughty Total: _____   Nice Total: _____

You Have Been: _____

Name: _____

Naughty	Nice

Naughty Total: _____

Nice Total: _____

You Have Been: _____

Name: _____

Naughty	Nice

Naughty Total: _____

Nice Total: _____

You Have Been: _____

Name: _____

Naughty	Nice
_____	_____
_____	_____
_____	_____
_____	_____
_____	_____
_____	_____
_____	_____
_____	_____
_____	_____
_____	_____
_____	_____
_____	_____
_____	_____
_____	_____
_____	_____
_____	_____
_____	_____
_____	_____
_____	_____
_____	_____
_____	_____
_____	_____
_____	_____
_____	_____
_____	_____

Naughty Total: _____   Nice Total: _____

You Have Been: _____

Name: _____

Naughty	Nice
_____	_____

Naughty Total: _____

Nice Total: _____

You Have Been: _____

Name: _____

Naughty	Nice
_____	_____

Naughty Total: _____

Nice Total: _____

You Have Been: _____

Name: _____

Naughty	Nice
_____	_____

Naughty Total: _____

Nice Total: _____

You Have Been: _____

Name: _____

Naughty	Nice

Naughty Total: _____

Nice Total: _____

You Have Been: _____

Name: _____

Naughty	Nice

Naughty Total: _____

Nice Total: _____

You Have Been: _____

Name: _____

Naughty	Nice

Naughty Total: _____

Nice Total: _____

You Have Been: _____

Name: _____

Naughty	Nice
_____	_____
_____	_____
_____	_____
_____	_____
_____	_____
_____	_____
_____	_____
_____	_____
_____	_____
_____	_____
_____	_____
_____	_____
_____	_____
_____	_____
_____	_____
_____	_____
_____	_____
_____	_____
_____	_____
_____	_____
_____	_____
_____	_____
_____	_____

Naughty Total: _____   Nice Total: _____

You Have Been: _____

Name: _____

Naughty	Nice

Naughty Total: _____

Nice Total: _____

You Have Been: _____

Name: _____

Naughty	Nice
_____	_____
_____	_____
_____	_____
_____	_____
_____	_____
_____	_____
_____	_____
_____	_____
_____	_____
_____	_____
_____	_____
_____	_____
_____	_____
_____	_____
_____	_____
_____	_____
_____	_____
_____	_____
_____	_____
_____	_____
_____	_____
_____	_____
_____	_____
_____	_____

Naughty Total: _____   Nice Total: _____

You Have Been: _____

Name: _____

Naughty	Nice

Naughty Total: _____

Nice Total: _____

You Have Been: _____

Name: _____

Naughty	Nice

Naughty Total: _____

Nice Total: _____

You Have Been: _____

Name: _____

Naughty	Nice

Naughty Total: _____

Nice Total: _____

You Have Been: _____

Name: _____

Naughty	Nice

Naughty Total: _____

Nice Total: _____

You Have Been: _____

Name: _____

Naughty	Nice

Naughty Total: _____

Nice Total: _____

You Have Been: _____

Name: _____

Naughty	Nice
_____	_____
_____	_____
_____	_____
_____	_____
_____	_____
_____	_____
_____	_____
_____	_____
_____	_____
_____	_____
_____	_____
_____	_____
_____	_____
_____	_____
_____	_____
_____	_____
_____	_____
_____	_____
_____	_____
_____	_____
_____	_____
_____	_____
_____	_____

Naughty Total: _____   Nice Total: _____

You Have Been: _____

Name: _____

Naughty	Nice

Naughty Total: _____

Nice Total: _____

You Have Been: _____

Name: _____

Naughty	Nice

Naughty Total: _____

Nice Total: _____

You Have Been: _____

Name: _____

Naughty	Nice

Naughty Total: _____

Nice Total: _____

You Have Been: _____

Name: _____

Naughty	Nice
_____	_____
_____	_____
_____	_____
_____	_____
_____	_____
_____	_____
_____	_____
_____	_____
_____	_____
_____	_____
_____	_____
_____	_____
_____	_____
_____	_____
_____	_____
_____	_____
_____	_____
_____	_____
_____	_____
_____	_____
_____	_____
_____	_____

Naughty Total: _____ Nice Total: _____

You Have Been: _____

Name: _____

Naughty	Nice

Naughty Total: _____

Nice Total: _____

You Have Been: _____

Name: _____

Naughty	Nice

Naughty Total: _____

Nice Total: _____

You Have Been: _____

Name: _____

Naughty	Nice
_____	_____

Naughty Total: _____

Nice Total: _____

You Have Been: _____

Name: _____

Naughty	Nice

Naughty Total: _____

Nice Total: _____

You Have Been: _____

Name: _____

Naughty	Nice
_____	_____
_____	_____
_____	_____
_____	_____
_____	_____
_____	_____
_____	_____
_____	_____
_____	_____
_____	_____
_____	_____
_____	_____
_____	_____
_____	_____
_____	_____
_____	_____
_____	_____
_____	_____
_____	_____
_____	_____
_____	_____
_____	_____
_____	_____
_____	_____

Naughty Total: _____   Nice Total: _____

You Have Been: _____

Name: _____

Naughty	Nice
_____	_____
_____	_____
_____	_____
_____	_____
_____	_____
_____	_____
_____	_____
_____	_____
_____	_____
_____	_____
_____	_____
_____	_____
_____	_____
_____	_____
_____	_____
_____	_____
_____	_____
_____	_____
_____	_____
_____	_____
_____	_____
_____	_____
_____	_____

Naughty Total: _____   Nice Total: _____

You Have Been: _____

Name: _____

Naughty	Nice

Naughty Total: _____

Nice Total: _____

You Have Been: _____

Name: _____

Naughty	Nice

Naughty Total: _____

Nice Total: _____

You Have Been: _____

Name: _____

Naughty	Nice
_____	_____
_____	_____
_____	_____
_____	_____
_____	_____
_____	_____
_____	_____
_____	_____
_____	_____
_____	_____
_____	_____
_____	_____
_____	_____
_____	_____
_____	_____
_____	_____
_____	_____
_____	_____
_____	_____
_____	_____
_____	_____
_____	_____
_____	_____
_____	_____

Naughty Total: _____   Nice Total: _____

You Have Been: _____

Name: _____

Naughty	Nice

Naughty Total: _____

Nice Total: _____

You Have Been: _____

Name: _____

Naughty	Nice

Naughty Total: _____

Nice Total: _____

You Have Been: _____

Name: _____

Naughty	Nice
_____	_____
_____	_____
_____	_____
_____	_____
_____	_____
_____	_____
_____	_____
_____	_____
_____	_____
_____	_____
_____	_____
_____	_____
_____	_____
_____	_____
_____	_____
_____	_____
_____	_____
_____	_____
_____	_____
_____	_____
_____	_____
_____	_____
_____	_____
_____	_____
_____	_____
_____	_____

Naughty Total: _____   Nice Total: _____

You Have Been: _____

Name: _____

Naughty	Nice
_____	_____
_____	_____

Naughty Total: _____ Nice Total: _____

You Have Been: _____

Name: _____

Naughty	Nice

Naughty Total: _____

Nice Total: _____

You Have Been: _____

Name: _____

Naughty	Nice

Naughty Total: _____

Nice Total: _____

You Have Been: _____

Name: _____

Naughty	Nice
_____	_____
_____	_____
_____	_____
_____	_____
_____	_____
_____	_____
_____	_____
_____	_____
_____	_____
_____	_____
_____	_____
_____	_____
_____	_____
_____	_____
_____	_____
_____	_____
_____	_____
_____	_____
_____	_____
_____	_____
_____	_____
_____	_____
_____	_____
_____	_____
_____	_____
_____	_____
_____	_____

Naughty Total: _____   Nice Total: _____

You Have Been: _____

Name: _____

Naughty	Nice

Naughty Total: _____

Nice Total: _____

You Have Been: _____

Name: _____

Naughty	Nice
_____	_____
_____	_____
_____	_____
_____	_____
_____	_____
_____	_____
_____	_____
_____	_____
_____	_____
_____	_____
_____	_____
_____	_____
_____	_____
_____	_____
_____	_____
_____	_____
_____	_____
_____	_____
_____	_____
_____	_____
_____	_____
_____	_____
_____	_____

Naughty Total: _____   Nice Total: _____

You Have Been: _____

Printed in Great Britain
by Amazon